U0932551

世界百国流通硬币图录

SHIJIEBAIGUOLIUTONGYINGBITULU

张馥 编著

齊魯書社

自 序

硬币是货币的一个组成部分，几乎所有的国家（或地区）都发行自己的硬币，它在货币流通中起着重要作用。硬币的图案多彩多样，它反映了一个国家（或地区）的政治、经济、文化、历史、地理等各方面的情况。近年来随着我国实行改革开放政策，使许多人比较容易接触到各种外国硬币，因而也引起了许多人对收藏外国硬币的兴趣，收藏外国硬币特别是流通硬币的人越来越多。

我喜欢收藏各种钱币，特别是退休后经常逛逛文化市场、钱币市场，收集自己喜爱的藏品。在众多的收藏品中，逐渐对收藏各国流通硬币产生了浓厚的兴趣。流通硬币货源充足易于收集，价位低投资少，经过七八年的努力，我已收集到一百多个国家（或地区）成套的流通硬币，现从中选出一百个国家（或地区）的流通硬币，其中包括二十世纪八十年代后已退出流通领域的硬币，将其简单情况整理成文字并附以硬币照片，编辑成册，供广大爱好者鉴赏。

本书彩图基本为我收藏硬币实物拍制而成，只有南斯拉夫10帕拉、瑞典2克朗为翻拍图片。由于本人接触外国硬币时间不长，只是个人业余爱好，对货币知识研究不够，而且各国和地区情况复杂，因此在编写过程中难免存在不足和欠缺，敬请各位读者谅解并提出指正。

张馥

2004年12月

凡　　例

一、本书所涉及的国家或地区中，有些国家有多套硬币同时流通，作者只从中选择一套新版或收集比较全的硬币介绍给读者。图片均为硬币原大，以便读者直观认识。

二、书中涉及的国家或地区的地理位置、土地面积、人口数量等资料，主要依据中国地图出版社2002年2月版《新编实用世界地图册》。

三、台湾、香港、澳门是中华人民共和国的一部分，本书从每个地区选出一套常用的或最新发行的硬币，作为中华人民共和国的附录供读者参考。

四、前苏联已于1991年解体，但其发行的硬币广为收藏者收藏。因此，本书把前苏联硬币附在俄罗斯的后面供读者参考。

五、欧元区目前有12个国家，欧元国原有的硬币于2002年3月1日停止使用。由于原有硬币各国不再发行，因此备受收藏界重视，作者经过努力收集到爱尔兰、比利时、德国、法国、芬兰、荷兰、葡萄牙、西班牙、希腊、意大利等10个国家已停止使用的硬币，附在欧元区的后面供读者参考。其中德国的原有硬币是指东西德国统一以后德意志联邦共和国发行的硬币。

六、美国自1999年开始，以每个州加入美国联邦的先后为序，每年为5个州各发行1枚1/4美元硬币，到2008年发行完毕。由于这组硬币尚未完全发行，所以无法全面介绍，作者只以部分已发行的州币为例加以介绍。

七、格恩西和泽西岛是英国的直属管辖区，虽然它们都不是独立的国家，但都各自独立发行硬币，为了方便读者参考，作者将这两个地区的硬币也收入本书。

八、西非经济货币联盟（简称西非国家）、中非关税和经济同盟（简称中非国家）和东加勒比国家组织（简称东加勒比国家），其成员国分别使用统一的硬币，因此本书也将这三个地区的硬币介绍给读者。

目　录

一、亚洲

1.中　国

中国全称为中华人民共和国，位于亚洲东部，东濒太平洋，首都设在北京。国土面积约960万平方公里，人口12.95亿。

中华人民共和国从1955年开始发行硬币，货币名称为中国人民币元，辅币为角和分，1元等于10角，1角等于10分，币面用中文标有中华人民共和国或中国人民银行，面值用中文和阿拉伯数字表示，公元纪年。现行流通硬币有：1，2，5分；1，5角；1元。

1元　　1元

5角　　5角

1 角　　　　1 角

5 分　　　　2 分

1 分

附：中国台湾省

台湾是中华人民共和国的一个省，省府设在台北，位于中国大陆架东南缘，面积 3.59 万平方公里，人口 2248 多万。

台湾自 1949 年开始发行新台币，货币名称为新台币元，辅币为角，1 元等于 10 角。币面用中文和阿拉伯数字表示面值，中华民国年历纪年或与公元纪年并用。常用的流通硬币有：1，5 角；1，5，10，20，50 元。

50 元

50 元

20 元

10 元

5元

5元

1元

1元

5角

5角

5角

1 角

1 角

中国香港

香港是中华人民共和国的一个特别行政区，位于中国广东省珠江口的东侧，面积为1104平方公里，人口688万。

香港发行过许多套硬币，货币名称为香港元，辅币为毫和仙，1元等于10毫，1毫等于10仙，币名用中英文标注香港，面值用中英文和阿拉伯数字表示，公元纪年。1993年发行的紫荆花硬币为现在的主要流通硬币，共有7枚：1，2，5毫；1，2，5，10元。

10元

5元

2元

1元　　5毫

2毫　　1毫

中国澳门

澳门是中华人民共和国的一个特别行政区，位于中国广东珠江口的西侧，面积为23.5平方公里，人口43万。

澳门发行过许多套硬币，货币名称为澳门元，辅币为毫和仙，1元等于10毫，1毫等于10仙。币面用中文和葡文标有“澳门”和“MACAU”字样，面值用中文和阿拉伯数字表示，公元纪年。1992年开始发行的硬币为现行的主要流通硬币，有：1，2，5毫；1，5，10元。

10元

MACAU
1992

伍
圓
PATACA

5元

MACAU
1992

1 圓 壹
PATACA

MACAU
1993

伍
毫
50 AVOS

1元

5毫

MACAU
1993

20 AVOS
毫
貳

2毫

MACAU
1993

毫
壹
AVOS

1毫

2.阿联酋

阿联酋全称为阿拉伯联合酋长国，位于波斯湾南岸阿拉伯半岛的东部，它由阿布扎比、迪拜、沙迦、阿治曼、乌姆盖万、富查伊拉和哈伊马角7个酋长国组成，首都设在阿布扎比。国土面积为8.36万平方公里，人口288万。

1973年后阿联酋开始发行硬币，货币名称为阿联酋第纳尔，辅币为迪拉姆和费尔，1第纳尔等于10迪拉姆，1迪拉姆等于100费尔，币面国名用阿拉伯文和英文标注阿联酋，回历纪年。现行流通硬币有：1，5，10，25，50费尔；1迪拉姆。

1迪拉姆　　50费尔

25费尔　　10费尔

5费尔　　1费尔

3.阿塞拜疆

阿塞拜疆原为苏联的一个加盟共和国，1991年前苏联解体后成立阿塞拜疆共和国，位于西亚的外高加索东部，东临里海，首都设在巴库。国土面积为8.66万平方公里，人口814万。

1993年起陆续发行硬币，货币名称为玛纳特，辅币为戈比，1玛纳特等于100戈比，币面标有国名阿塞拜疆共和国，面值用阿拉伯数字表示，公元纪年。现行流通硬币有：5，10，20，50戈比。

50戈比

20戈比

10戈比

5戈比

4.巴　林

巴林全称为巴林国，位于沙特阿拉伯和卡塔尔之间的波斯湾海面上，由巴林岛和附近30多个小岛组成，首都设在麦纳麦。国土面积为706.5平方公里，人口69万。

巴林自1965年发行硬币，货币名称为巴林第纳尔，辅币为费尔，1第纳尔等于1000费尔，1992年币面有所改变，每枚硬币币面都标有巴林国，面值用阿拉伯数字表示，公元纪年。现行流通硬币有：5，10，25，50，100费尔。

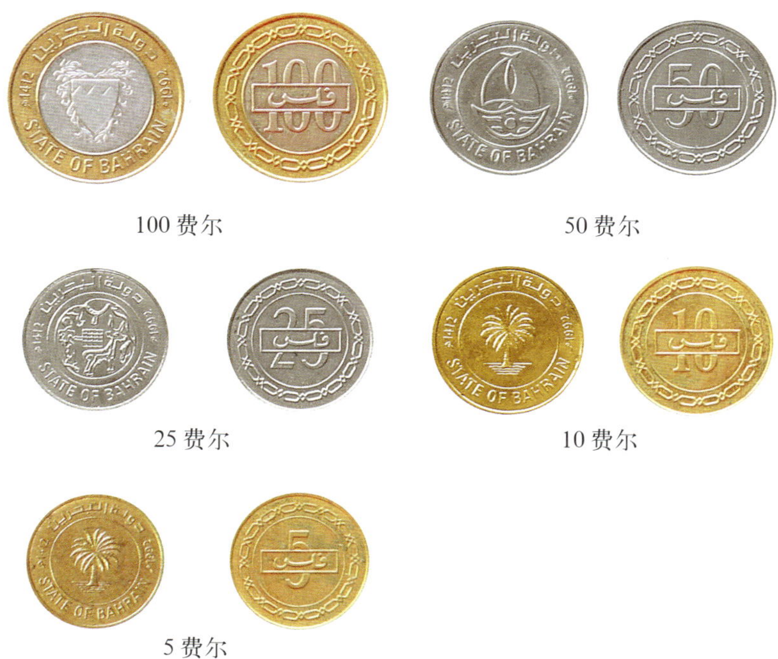

100费尔　　50费尔

25费尔　　10费尔

5费尔

5.朝鲜民主主义人民共和国

朝鲜民主主义人民共和国位于亚洲东部的朝鲜半岛北部，隔鸭绿江与我国相望，首都设在平壤。国土面积为12.28万平方公里，人口2392万。

共和国成立后，于1959年起发行硬币，货币名称为朝鲜圆，辅币为钱，1圆等于100钱，币面全部为朝鲜文，面值用阿拉伯数字表示，公元纪年。流通硬币共5枚：1，5，10，50钱；1圆。

1圆

50钱

10钱

5钱

1钱

6.哈萨克斯坦

哈萨克斯坦全称为哈萨克斯坦共和国，原为前苏联一个加盟共和国，1991 年前苏联解体后成立独立的哈萨克斯坦共和国。它位于亚洲中部，西濒里海，首都设在阿斯塔纳。国土面积为272.49万平方公里，人口 1482 万。

哈萨克斯坦 1993 年自行发行硬币，货币名称为哈萨克斯坦坚戈，辅币为造廷恩，1 坚戈等于 100 廷恩，币面标有哈萨克斯坦共和国,面值用阿拉伯数字表示，公元纪年。现行流通硬币有：2，5，10，20，50 廷恩。

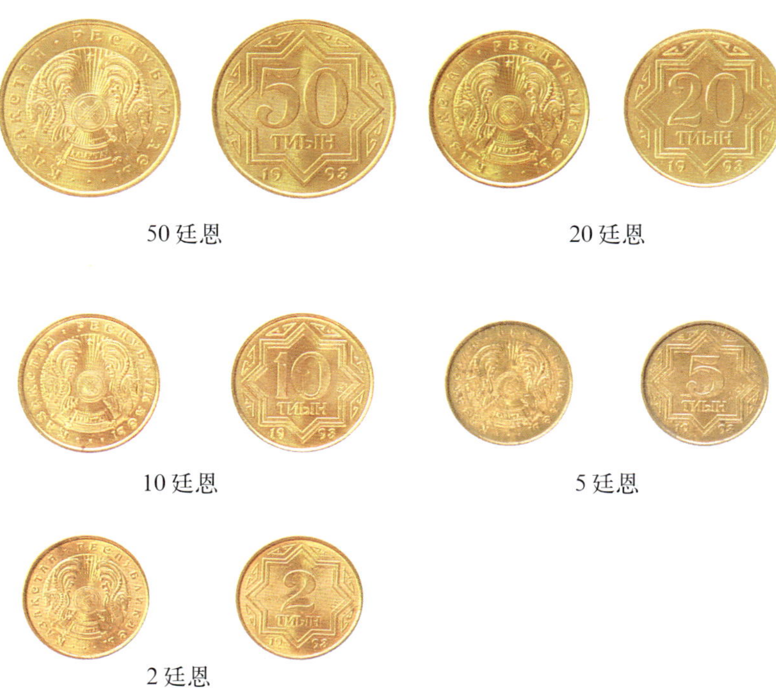

50 廷恩

20 廷恩

10 廷恩

5 廷恩

2 廷恩

7.韩 国

韩国全称为大韩民国，位于亚洲东部的朝鲜半岛南部，首都设在首尔。国土面积为9.9万平方公里，人口4802万。

韩国自1954年开始发行硬币，1962年又进行币制改革，货币名称为韩国圆，没有辅币，币面全部用朝鲜文，面值用阿拉伯数字表示，公元纪年。常见的流通硬币有：1，5，10，50，100，500圆。

500圆　　100圆

50圆　　10圆

5圆　　1圆

8. 卡塔尔

卡塔尔全称为卡塔尔国，位于波斯湾南岸卡塔尔半岛上，首都设在多哈。国土面积为1.14万平方公里，人口60万。

1973年起卡塔尔独自发行硬币，货币名称为卡塔尔里亚尔，辅币为迪拉姆，1里亚尔等于100迪拉姆。币面标有阿拉伯文和英文，以回历纪年。现行流通硬币有5枚：1，5，10，25，50迪拉姆。

50迪拉姆

25迪拉姆

10迪拉姆

5迪拉姆

1迪拉姆

9.科威特

科威特全称为科威特王国，位于阿拉伯半岛东北部，东濒波斯湾，首都设在科威特城。国土面积为1.7818万平方公里，人口228万。

1961年后科威特自行发行硬币，货币名称为科威特第纳尔，辅币为费尔，1第纳尔等于1000费尔。币面标有阿拉伯文和英文科威特，用回历纪年。现行流通硬币有6枚：1，5，10，20，50，100费尔。

100费尔　　50费尔

20费尔　　10费尔

5费尔　　1费尔

10.老　挝

老挝全称为老挝人民民主共和国，位于东南亚中南半岛中部，是一个内陆国家，首都设在万象。国土面积为23.68万平方公里，人口540万。

老挝从1952年开始发行硬币，经过多次改革，到1980年以后开始发行共和国硬币，货币名称为基普，辅币为阿特，1基普等于100阿特。币面国名用老挝文，面值用阿拉伯数字表示，公元纪年。流通硬币有8种：10，20，50阿特；1，5，10，20，50基普。

50基普

20基普

10 基普

5 基普

1 基普

50 阿特

20 阿特

10 阿特

11.黎巴嫩

黎巴嫩全称为黎巴嫩共和国，位于西亚地中海东岸，首都设在贝鲁特。国土面积为1.05万平方公里，人口354万。

1996年后黎巴嫩发行新硬币，货币名称为列费尔，币面用法文标注黎巴嫩银行，回历与公元纪年并用。新流通硬币为4枚：50，100，250，500列费尔。

500列弗尔

250列弗尔

100列弗尔

50列弗尔

12. 马来西亚

马来西亚全称为马来西亚联邦，属英联邦成员国，它位于东南亚，由马来半岛南部的马来亚和加里曼丹岛北部的沙捞越及沙巴组成，首都设在吉隆坡。国土面积为32.97万平方公里，人口2349万。

马来西亚1989年发行新硬币，货币名称为马来西亚林吉特，辅币为仙，1林吉特等于100仙，币面用马来文标有马来西亚银行，面值用阿拉伯数字表示，公元纪年。新流通硬币有：1，5，10，20，50仙；1林吉特。

1林吉特

50仙

20仙

10仙

5仙

1仙

13.蒙　古

蒙古全称为蒙古人民共和国，位于中国和俄罗斯之间，属内陆国家，首都设在乌兰巴托。国土面积为156.65万平方公里，人口238.12万。

蒙古自1925年开始发行硬币，货币名称为图格里克，辅币为蒙哥，1图格里克等于100蒙哥，1970年发行第五套硬币使用至今，币面面值用阿拉伯数字表示，公元纪年。第五套流通硬币有：1，2，5，10，15，20，50蒙哥。

50蒙哥

20蒙哥

15蒙哥

10蒙哥

5 蒙哥

2 蒙哥

1 蒙哥

14. 孟加拉

孟加拉全称为孟加拉人民共和国，位于南亚次大陆恒河和布拉马普特拉河下游的三角洲上，首都设在达卡。国土面积为14.76万平方公里，人口1.41亿。

孟加拉1973年发行硬币，货币名称为塔卡，辅币为波依夏，1塔卡等于100波依夏，币面全部用孟加拉文，回历纪年。常用流通硬币有7枚：1，5，10，25，50波依夏；1，5塔卡。

5塔卡

1塔卡

50波依夏

25 波依夏

10 波依夏

5 波依夏

1 波依夏

15.缅　甸

缅甸全称为缅甸联邦，位于中南半岛西北部，南濒孟加拉湾和安达曼海，首都设在仰光。国土面积为67.66万平方公里，人口5200万。

缅甸1949年发行硬币，经过币制改革和币面的多次变化，1966年后发行新版硬币，并流通至今，缅甸的货币名称为缅元，辅币为缅分，1缅元等于100缅分，币面全部采用缅文。新版流通硬币有：5，10，25，50缅分；1缅元。

1缅元

50缅分

25缅分

10缅分

5缅分

16. 日　本

日本全称为日本国，位于亚洲东部的太平洋上，由北海道、本州、四国、九州 4 个大岛及约 4000 多个小岛组成，首都设在东京。国土面积为 37.78 万平方公里，人口 1.27 亿。

日本发行硬币时间较早，而且多次改变，第二次世界大战后日本硬币比较稳定，货币名称为日元，不设辅币，币面日本国用日文标注，面值用阿拉伯数字表示，用日本天皇年号纪年。现行流通硬币有 6 枚：1，5，10，50，100，500 日元。

500 日元　　100 日元

50 日元　　10 日元

5 日元　　1 日元

17. 亚美尼亚

亚美尼亚全称为亚美尼亚共和国，是西亚的一个内陆国家，首都设在埃里温。国土面积为 2.98 万平方公里，人口 380 万。

亚美尼亚于 1994 年发行硬币，货币名称为德拉姆，辅币为鲁玛，1 德拉姆等于 100 鲁玛，面值用阿拉伯数字表示，公元纪年。现行流通硬币有 11 种：10，20，50 鲁玛；1，3，5，10，20，50，100，200 德拉姆。

200 德拉姆

100 德拉姆

50 德拉姆

20 德拉姆

10 德拉姆

5 德拉姆

3 德拉姆

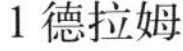

1 德拉姆

50 鲁玛

20 鲁玛

10 鲁玛

18. 塞浦路斯

塞浦路斯全称为塞浦路斯共和国，是地中海东部的一个岛国，首都设在尼科西亚。国土面积为9251平方公里，人口79万。

塞浦路斯历史上曾被多个民族统治、占领，1960年独立，成立塞浦路斯共和国，并发行共和国硬币，1983年进行币制改革，货币名称为塞浦路斯磅，辅币为分，1磅等于100分，币面统一用英文、希腊文、土耳其文标明国名简称，公元纪年。面值用阿拉伯数字表示，现行流通硬币有7枚：$\frac{1}{2}$，1，2，5，10，20，50分。

50分

20分

10分

5分

2分

1分

$\frac{1}{2}$分

19.沙特阿拉伯

沙特阿拉伯全称为沙特阿拉伯王国，位于西南亚的阿拉伯半岛上，首都设在利雅得。国土面积为225万平方公里，人口2283万。

沙特阿拉伯发行硬币较早，货币名称为沙特里亚尔，辅币有吉尔希和哈拉拉，1沙特里亚尔等于20吉尔希，等于100哈拉拉。币面标有阿拉伯文，用阿拉伯数字表示面值，回历纪年。常用流通硬币有：1，5，10，25，50，100哈拉拉。

100哈拉拉

50哈拉拉

25哈拉拉

10哈拉拉

5哈拉拉

1哈拉拉

20.斯里兰卡

斯里兰卡全称为斯里兰卡民主社会主义共和国，位于印度半岛南面的印度洋上，是一个岛国，首都设在科伦坡。国土面积为6.56万平方公里，人口1686万。

斯里兰卡于1972年发行共和国硬币，货币名称为卢比，辅币为分，1卢比等于100分，币面国名用僧伽罗文和泰米尔文标注，有的币面增加了英文斯里兰卡，面值用阿拉伯数字和英文表示，公元纪年。现行流通硬币有：1，2，5，10，25，50分；1，2，5，10卢比。

10卢比　　5卢比

2卢比

1卢比

50 分

25 分

10 分

5 分

2 分

1 分

21.泰　国

泰国全称为泰王国，位于中南半岛中部，首都设在曼谷。国土面积为51.3万平方公里，人口6258万。

泰国发行硬币较早，币面文字和纪年方法比较复杂，第二次世界大战以后，币面多有国王头像，货币名称为泰铢，辅币为萨当，1泰铢等于100萨当。现行流通硬币有：1，5，10，25，50萨当；1，5，10泰铢。

10泰铢　5泰铢

1泰铢　50萨当

25萨当　10萨当

5萨当　1萨当

22. 土耳其

土耳其全称为土耳其共和国，位于亚洲西部、欧洲东南角，地跨欧亚两洲，北濒黑海，西滨爱琴海，南临地中海，首都设在安卡拉。国土面积约77.95万平方公里，人口6650万。

土耳其1923年共和国成立后发行硬币，1940年币制进行改革，货币名称为土耳其里拉，辅币为库鲁，1里拉等于100库鲁，币面国名用土耳其文标注土耳其共和国面值用阿拉伯数字表示，公元纪年。现行流通硬币有：1，5，10，25，50库鲁；1，2$\frac{1}{2}$，5，10，25，50，100，500，1000，2500，5000，10000，25000，50000，100000里拉。

100000 里拉

50000 里拉

25000 里拉

10000 里拉

5000 里拉

2500 里拉

1000 里拉

500 里拉

100 里拉

50 里拉

25 里拉

10 里拉

5 里拉

$2\frac{1}{2}$ 里拉

1 里拉

50 库鲁

25 库鲁

10 库鲁

5 库鲁

1 库鲁

23. 土库曼斯坦

土库曼斯坦全称为土库曼斯坦共和国，位于亚洲中部，西濒里海，首都设在阿什哈巴德，国土面积为49.12万平方公里，人口537万。

土库曼斯坦原为前苏联加盟共和国一员，1991年前苏联解体后成立土库曼斯坦共和国，1993年发行共和国硬币，货币名称为玛纳特，辅币为特纳西，1玛纳特等于100特纳西，币面标有土库曼斯坦共和国特纳西，面值用阿拉伯数字表示，公元纪年。现行流通硬币有：1，5，10，20，50特纳西。

50特纳西

20特纳西

10特纳西

5特纳西

1特纳西

24.新加坡

新加坡全称为新加坡共和国，位于马来半岛的南端，由新加坡岛及附近岛屿组成，是世界上著名的城市岛国。国土面积为647平方公里，人口413万。

新加坡1965年自行发行硬币，1985年后硬币币面进行改革，货币名称为新加坡元，辅币为分，1新加坡元等于100分。硬币币面用英文、汉文、马来文和泰米尔文四种文字标注新加坡，面值用阿拉伯数字表示，公元纪年。现行流通硬币有：1，5，10，20，50分；1，5元。

5元

1元

50分

20分

10分

5分

1分

25.叙利亚

叙利亚全称为阿拉伯叙利亚共和国，位于地中海东岸，首都设在大马士革。国土面积为18.52万平方公里，人口1839万。

阿拉伯叙利亚共和国1961年开始发行硬币，货币名称为叙利亚镑，辅币为皮阿斯特，1镑等于100皮阿斯特，币面为阿拉伯文，回历纪年。现行流通硬币有：$2\frac{1}{2}$，5，10，25，50皮阿斯特；1，2，5，10镑。

10镑

5镑

2镑　　1镑

50 皮阿斯特

25 皮阿斯特

10 皮阿斯特

5 皮阿斯特

$2\frac{1}{2}$ 皮阿斯特

26. 伊拉克

伊拉克全称为伊拉克共和国，位于亚洲西南部，首都设在巴格达。国土面积为44.18万平方公里，人口2358万。

伊拉克于1959年发行共和国硬币，货币名称为伊拉克第纳尔，辅币为费尔，1第纳尔等于1000费尔，币面全部用阿拉伯文，回历纪年。萨达姆执政时期的流通硬币有：1，5，10，25，50，100，250，500费尔；1第纳尔。

1第纳尔

500费尔

250费尔

100 费尔

50 费尔

25 费尔

10 费尔

5 费尔

1 费尔

27.印　度

印度全称为印度共和国，位于南亚印度半岛上，三面环海，首都设在新德里。国土面积为297.47万平方公里，人口10.2亿。

印度共和国于1950年开始发行硬币，1957年进行币制改革，货币名称为印度卢比，辅币为派士，1卢比等于100派士。币面国名用印地文及英文标注，面值用阿拉伯数字表示，公元纪年。现行流通硬币有：1，2，3，5，10，20，25，50派士；1，2，5卢比。

5 卢比　　2 卢比

1 卢比　　50 派士

25 派士　　20 派士

10派士

5派士

3派士

2派士

1派士

28. 越 南

越南全称为越南社会主义共和国，位于中南半岛东部，东濒南海，首都设在河内。国土面积为32.96万平方公里，人口7920万。

越南发行硬币较早，情况也比较复杂，1976年南北方统一后发行越南社会主义共和国硬币，货币名称为盾,辅币为角，1盾等于10角。面值用阿拉伯数字表示，公元纪年。现行流通硬币有4种：1，2，5角；1盾。

1盾

5角

2角

1角

二、非洲

29. 埃　及

埃及全称为阿拉伯埃及共和国，位于非洲东北部，领土包括亚洲西南端的西奈半岛，是一个地跨非亚两洲的国家，首都设在开罗。国土面积为 100.2 万平方公里，人口 6789 万。

埃及是世界文明古国，发行硬币比较早，但由于外国入侵等原因，硬币流通情况比较复杂，1971 年发行阿拉伯埃及共和国硬币，货币名称为埃及镑，辅币为皮阿斯特和米利姆，1 镑等于 100 皮阿斯特，1 皮阿斯特等于 10 米利姆。币面全部用阿拉伯文，回历纪年。现行流通硬币有：1，5，10 米利姆；1，2，5，10，20，25 皮阿斯特。

25 皮阿斯特

20 皮阿斯特

10 皮阿斯特

5 皮阿斯特

2 皮阿斯特

1 皮阿斯特

10 米利姆

5 米利姆

1 米利姆

30.埃塞俄比亚

埃塞俄比亚全称为埃塞俄比亚联邦民主共和国，位于非洲东部，是一个内陆高原国家，首都设在亚的斯亚贝巴。国土面积为110.36万平方公里，人口6537万。

埃塞俄比亚在1931年开始发行硬币，1977年币面进行了改变，货币名称为比尔，辅币为分，1比尔等于100分。币面用阿姆哈拉文，面值用阿拉伯数字表示，用埃塞俄比亚历纪年。现行流通硬币有：1，5，10，25，50分。

50分　25分

10分　5分

1分

31.布隆迪

布隆迪全称为布隆迪共和国，位于非洲中东部，是内陆国家，首都设在布琼布拉。国土面积为2.78万平方公里，人口641万。

布隆迪于1966年发行共和国硬币，货币名称为布隆迪法郎，币面用法文标有国名布隆迪共和国，面值用阿拉伯数字表示，公元纪年。现行流通硬币有：1，5，10法郎。

10法郎

5法郎 1法郎

32. 冈比亚

冈比亚全称为冈比亚共和国，位于非洲西部，西临大西洋，首都设在班珠尔。国土面积为1.04万平方公里，人口142万。

冈比亚于1971年发行共和国硬币，货币名称为达拉西，辅币为布图，1达拉西等于100布图，币面用英文标注国名冈比亚共和国，面值用阿拉伯数字表示，公元纪年。现行流通硬币有：1，5，10，25，50布图；1达拉西。

1达拉西

50布图

25布图

10布图

5布图

1布图

33. 几内亚

几内亚全称为几内亚共和国，位于非洲西部，西临大西洋，首都设在科纳克里。国土面积为24.59万平方公里，人口824万。

几内亚于1959年开始发行硬币，币制多次改革，1985年发行现用硬币，货币名称为几内亚法郎，币面用法文标注国名几内亚共和国，面值用阿拉伯数字表示，公元纪年。现行流通硬币有：1，5，10，25，50法郎。

50法郎

25法郎

10法郎

5法郎

1法郎

34.津巴布韦

津巴布韦全称为津巴布韦共和国，位于非洲东南部，是个内陆国家，首都设在哈拉雷。国土面积为39.08万平方公里，人口1296万。

津巴布韦1980年开始发行共和国硬币，货币名称为津巴布韦元，辅币为分，1元等于100分，币面标有津巴布韦，面值用阿拉伯数字表示，公元纪年。现行流通硬币有：1，5，10，20，50分；1，2，5元。

5元

2元

1元

50分

20分

10分

5分

1分

35.科摩罗

科摩罗全称为科摩罗联盟，位于非洲东南莫桑比克海峡北端的一群火山岛上，首都设在莫罗尼。国土面积2235平方公里，人口72.6万。

科摩罗于1975年共和国成立后开始发行硬币，货币名称为科摩罗法郎，币面用阿拉伯文及法文标注科摩罗中央银行，面值用阿拉伯数字表示，公元纪年。现行流通硬币有：5，10，25，50，100法郎。

100法郎

50法郎

25法郎

10法郎

5法郎

36.利比亚

利比亚全称为大阿拉伯利比亚人民社会主义民众国，位于非洲北部，北临地中海，著名的撒哈拉沙漠占国土的98%，首都设在的黎波里。国土面积为175.95万平方公里，人口530万。

利比亚于1969年发行硬币，货币名称为第纳尔，辅币为迪拉姆，1第纳尔等于1000迪拉姆，币面为阿拉伯文，回历纪年。现行流通硬币有：1，5，10，20，50，100迪拉姆。

100迪拉姆　50迪拉姆

20迪拉姆　10迪拉姆

5迪拉姆　1迪拉姆

37. 卢旺达

卢旺达全称为卢旺达共和国，是位于非洲东部赤道附近的内陆国家，首都设在基加利。国土面积为2.63万平方公里，人口860万。

卢旺达1964年自行发行硬币，货币名称为卢旺达法郎，辅币为分，1法郎等于100分，多数币面标有法文卢旺达国家银行，面值用法文和阿拉伯数字表示，公元纪年。流通硬币有：1，2，5，10，20，50法郎。

50法郎

20法郎

10法郎

BANQUE NATIONALE DU RWANDA
1987

CINQ FRANCS
5

5 法郎

AUGMENTONS LA PRODUCTION
BNR
1970

DEUX FRANCS
2

2 法郎

BANQUE NATIONALE DU RWANDA

UN FRANC
1

1 法郎

38.马拉维

马拉维全称为马拉维共和国，位于非州东南部的马拉维湖畔，是内陆国家，首都设在利隆圭。国土面积为11.85万平方公里，人口1114万。

马拉维于1971年发行新硬币，货币名称为克瓦查，辅币为坦巴拉，1克瓦查等于100坦巴拉，币面国名用英文标注马拉维，面值用英文或阿拉伯数字表示，公元纪年。现行流通硬币有：1，2，5，10，20，50坦巴拉；1克瓦查。

1克瓦查　　50坦巴拉

20坦巴拉

10 坦巴拉

5 坦巴拉

2 坦巴拉

1 坦巴拉

39. 毛里求斯

毛里求斯全称为毛里求斯共和国，位于非洲东南印度洋上，是一个岛国，首都设在路易港。国土面积为2040平方公里，人口120万。

毛里求斯1987年发行共和国硬币，货币名称为毛里求斯卢比，辅币为分，1卢比等于100分，币面用英文标注国名毛里求斯，面值用阿拉伯数字或英文表示，公元纪年。现行流通硬币有：1，5，20分；$\frac{1}{2}$，1，5卢比。

5 卢比

1 卢比

$\frac{1}{2}$卢比

20分

5分

1分

40. 毛里塔尼亚

毛里塔尼亚全称为毛里塔尼亚伊斯兰共和国，位于非洲西北部，西临大西洋，首都设在努瓦克肖特。国土面积为103万平方公里，人口272万。

毛里塔尼亚1973年开始独立发行硬币，货币名称为乌吉亚,币面用阿拉伯文和法文标注毛里塔尼亚中央银行,面值用阿拉伯数字表示，公元纪年。现行流通硬币有：$\frac{1}{5}$，1，5，10，20乌吉亚。

20乌吉亚

10乌吉亚

5乌吉亚

1乌吉亚

$\frac{1}{5}$乌吉亚

41. 摩洛哥

摩洛哥全称为摩洛哥王国，位于非洲大陆西北部，西临大西洋，扼大西洋入地中海的交通要冲，首都设在拉巴特。国土面积为45.9万平方公里，人口2917万。

摩洛哥1956年独立后发行王国硬币，1974年又进行币制改革，货币名称为摩洛哥迪拉姆，辅币为分，1迪拉姆等100分，币面用阿拉伯文标注，面值用阿拉伯数字表示，公元与回历并用纪年。现行流通硬币有：1，5，10，20分；$\frac{1}{2}$，1，5，10迪拉姆。

10迪拉姆

5迪拉姆

1迪拉姆

$\frac{1}{2}$迪拉姆

20分　　10分

5分　　1分

42.纳米比亚

纳米比亚全称为纳米比亚共和国，位于非洲西南部，西临大西洋，首都设在温得和克。国土面积为82.42万平方公里，人口193万。

纳米比亚1993年发行硬币，货币名称为纳米比亚元，辅币为分，1元等于100分，币面用英文标注纳米比亚共和国，面值用阿拉伯数字表示，公元纪年。流通硬币有：5，10，50分；1，5元。

5元　　1元

50分　　10分

5分

43.南　非

南非全称为南非共和国，位于非洲最南端，首都设在比勒陀利亚。国土面积为122.1万平方公里，人口4460万。

南非1960年发行共和国硬币，货币名称为兰特，辅币为分，1兰特等于100分，多数硬币币面用南非文或英文，或两者并用标注国名，面值用阿拉伯数字表示，公元纪年。现行流通硬币有：$\frac{1}{2}$，1，2，5，10，20，50分；1，2，5兰特。

5兰特　　2兰特

1兰特　　50分

20分　　10分

5分　　2分

1分　　$\frac{1}{2}$分

44.尼日利亚

尼日利亚全称为尼日利亚联邦共和国，位于西非的东南部，南临几内亚湾，首都设在阿布贾。国土面积为92.38万平方公里，人口1.2亿。

尼日利亚1973年发行共和国硬币，货币名称为奈拉，辅币为考包，1奈拉等于100考包，币面标有英文尼日利亚联邦共和国，面值用阿拉伯数字或英文表示，公元纪年。现行流通硬币有：1，5，10，25，50考包；1奈拉。

1奈拉　50考包

25考包　10考包

5考包　1考包

45. 圣多美和普林西比

圣多美和普林西比全称为圣多美和普林西比民主共和国，位于西非几内亚湾内，由圣多美和普林西比两岛及附近10多个小岛组成，首都设在圣多美。国土面积为1001平方公里，人口15.3万。

圣多美和普林西比于1975年共和国成立后发行硬币，货币名称为多布拉，辅币为分，1多布拉等于100分，币面用葡萄牙文标注圣多美和普林西比民主共和国，面值用阿拉伯数字表示，公元纪年。现行流通硬币有：50分；1，2，5，10，20，50多布拉。

50 多布拉

20 多布拉

10 多布拉

5 多布拉

2 多布拉

1 多布拉

50 分

46. 斯威士兰

斯威士兰全称为斯威士兰王国，位于非洲东南部，是一个内陆国家，首都设在姆巴巴内。国土面积为1.73万平方公里，人口106万。

斯威士兰于1974年开始发行硬币，货币名称为里兰吉尼，辅币为分，1里兰吉尼等于100分，币面用英文标有国名斯威士兰，面值用阿拉伯数字或英文表示，公元纪年。现行流通硬币有：1，2，5，10，20，50分；1，2，5里兰吉尼。

5里兰吉尼

2里兰吉尼

1里兰吉尼

50 分

20 分

10 分

5 分

2 分

1 分

47.坦桑尼亚

坦桑尼亚全称为坦桑尼亚联合共和国，位于非洲东部，首都设在达累斯萨拉姆。国土面积为 94.51 万平方公里，人口 3597 万。

1966 年坦桑尼亚发行联合共和国硬币，货币名称为坦桑尼亚先令，辅币为分，1 先令等于 100 分，币面用斯瓦希里文标注国名坦桑尼亚，面值用阿拉伯数字表示，公元纪年。流通硬币有：5，10，20，50 分；1，5，10，20，50，100 先令。

100 先令

50 先令

20 先令

10 先令

5 先令

1 先令

50 分

20 分

10 分

5 分

48. 西非国家

西非国家是指使用非洲金融共同体法郎的一些非洲西部国家。非洲金融共同体法郎 1961 年开始发行，目前使用非洲金融共同体法郎的国家有贝宁、多哥、布基纳法索、科特迪瓦、马里、尼日尔、塞内加尔等 7 国，这些国家的国土总面积达 347 万多平方公里，总人口 7164 万。

非洲金融共同体法郎的币面用法文标注西非国家中央银行，面值用阿拉伯数字表示，公元纪年。目前 7 国共同的流通硬币有：1，5，10，25，50，100，250 法郎。

250 法郎

100 法郎

50 法郎

25 法郎

10 法郎

5 法郎

1 法郎

49. 中非国家

中非国家是指使用中非金融合作法郎的喀麦隆、中非共和国、乍得、刚果、加蓬等5个国家，它们的国土总面积为299.2万多平方公里，人口3230万。

中非金融合作法郎的币面用法文中非国家银行标注，面值用阿拉伯数字表示，公元纪年。中非法郎的流通硬币有：1，5，10，25，50，100，500法郎。

500法郎

100法郎

50法郎

25 法郎

10 法郎

5 法郎

1 法郎

三、欧 洲

50.爱沙尼亚

爱沙尼亚全称为爱沙尼亚共和国，位于欧洲东部，波罗的海沿岸，首都设在塔林。国土面积为4.52万平方公里，人口135万。

爱沙尼亚于1991年独立后自行发行硬币，货币名称为克隆，辅币为分，1克隆等于100分，币面国名爱沙尼亚共和国用爱沙尼亚文标注，面值用阿拉伯数字表示，公元纪年。现行流通硬币有：5，10，20，50分；1，5克隆。

5克隆

1克隆

50 分　　20 分

10 分　　5 分

51.保加利亚

保加利亚原称保加利亚人民共和国，后改为保加利亚共和国，位于欧洲巴尔干半岛东部，东临黑海，首都设在索非亚。国土面积为11.10万平方公里，人口803万。

保加利亚1992年发行共和国硬币，货币名称为列夫，辅币为斯托廷基，1列夫等于100斯托廷基，币面国名保加利亚共和国用保加利亚文标注，面值用阿拉伯数字表示，公元纪年。现行流通硬币有：10，20，50斯托廷基；1，2，5，10列夫。

10列夫

5列夫

2列夫

1 列夫

50 斯托廷基

20 斯托廷基

10 斯托廷基

52.冰　岛

冰岛全称为冰岛共和国，位于欧洲西北部的北大西洋中，首都设在雷克雅未克。国土面积为10.3万平方公里，人口28.5万。

冰岛发行硬币较早，1981年进行币制改革，货币名称为冰岛克朗，辅币为奥拉，1克朗等于100奥拉。币面标有国名冰岛，面值用阿拉伯数字表示，公元纪年。现行流通硬币有：5，10，50奥拉；1，5，10，50，100克朗。

100克朗

50克朗

10克朗

5 克朗　　1 克朗

50 奥拉　　10 奥拉

5 奥拉

53.波　兰

波兰原名波兰人民共和国，后改为波兰共和国，首都设在华沙。国土面积为31.27万平方公里，人口3864万。

波兰的货币名称为兹罗提，辅币为格罗兹，1兹罗提等于100格罗兹。波兰人民共和国硬币和波兰共和国硬币的面值都用阿拉伯数字表示，公元纪年。现在两种硬币并用，流通硬币有：5，10，20，50格罗兹；1，2，5，10，20，50，100兹罗提。

100兹罗提

50兹罗提

20兹罗提

10 兹罗提

5 兹罗提

2 兹罗提

1 兹罗提

50 格罗兹

20 格罗兹

10 格罗兹

5 格罗兹

54.俄罗斯

俄罗斯全称为俄罗斯联邦，原为前苏联的一个加盟共和国，1991年前苏联解体后成立俄罗斯联邦，国土跨欧亚两洲，北临北冰洋，东濒太平洋，西临波罗的海，国土面积为1707.54万平方公里，是世界上国土面积最大的国家，人口1.46亿。首都设在莫斯科。

俄罗斯于1992年开始发行硬币，货币名称为卢布，辅币为戈比，1卢布等于100戈比，币面用俄文俄罗斯银行标注，面值用阿拉伯数字表示，公元纪年。现行流通硬币有：1，5，10，50戈比；1，2，5，10，20，50，100卢布。

100卢布

50卢布

20卢布

10卢布

5 卢布

2 卢布

1 卢布

50 戈比

10 戈比

5 戈比

1 戈比

附：前苏联

前苏联全称为苏维埃社会主义共和国联盟，地跨欧亚两洲的北部，国土面积为2240.22万平方公里，人口曾达到2.89亿。前苏联1922年成立，1991年12月解体。

前苏联于1924年开始发行硬币，币值长期保持稳定，货币名称为卢布，辅币为戈比，1卢布等于100戈比，币面国名用“苏联”俄文首字缩写CCCP标注，面值用阿拉伯数字表示，公元纪年。流通硬币有：1，2，3，5，10，15，20，50戈比；1卢布。1991年前苏联解体后，这套硬币也逐渐退出流通领域。

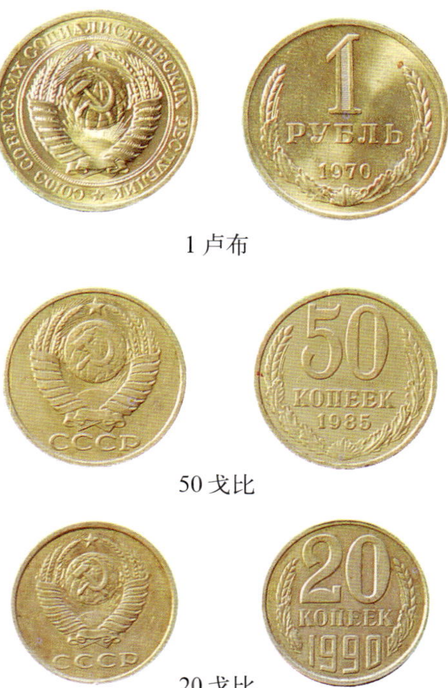

1卢布

50戈比

20戈比

15 戈比

10 戈比

5 戈比

3 戈比

2 戈比

1 戈比

55.格恩西

格恩西岛现为英国直属管辖区，位于英吉利海峡中，首府设在圣彼得港，面积为194平方公里，人口6万。

格恩西发行硬币较早，币制与英国本土相同，1971年后进行币制改革，货币名称仍为英镑，辅币为便士，1镑等于100便士。币名格恩西岛管辖区用古英文标注，1985年后发行的硬币，币名格恩西管辖区改用英文标注，大部分硬币都标有英女王头像。面值用英文和阿拉伯数字表示，公元纪年。现行流通硬币有：1，2，5，10，20，50便士；1镑。

1镑　　50便士

20便士　　10便士

ELIZABETH II BAILIWICK OF GUERNSEY

FIVE PENCE 1992
5

5 便士

ELIZABETH II BAILIWICK OF GUERNSEY

TWO PENCE 1996
2

2 便士

ELIZABETH II BAILIWICK OF GUERNSEY

ONE PENNY 1997
1

1 便士

56.捷　克

捷克全称为捷克共和国，位于欧洲中心，属内陆国家，首都设在布拉格。国土面积为7.89万平方公里，人口1027万。

捷克原属捷克和斯洛伐克联邦共和国，1993年独立，并发行共和国硬币，货币名称为克朗，辅币为海来，1克朗等于100海来，币面标注捷克共和国，面值用阿拉伯数字表示，公元纪年。现行流通硬币有：10，20，50海来；1，2，5，10，20，50克朗。

50克朗

20克朗

10克朗

5克朗

2 克朗

1 克朗

50 海来

20 海来

10 海来

57. 克罗地亚

克罗地亚全称为克罗地亚共和国，位于欧洲巴尔干半岛西北，亚得里亚海的东北岸，首都设在萨格勒布。国土面积为5.65万平方公里，人口445万。

克罗地亚原属南斯拉夫社会主义联盟，1991年独立，1993年发行共和国硬币，货币名称为库那，辅币为里帕，1库那等于100里帕，币面标注克罗地亚共和国，面值用阿拉伯数字表示，公元纪年。现行流通硬币有：1，2，5，10，20，50里帕；1，2，5库那。

5库那

2库那

1库那

50里帕

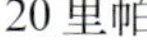
20 里帕

10 里帕

5 里帕

2 里帕

1 里帕

58.罗马尼亚

罗马尼亚全称为罗马尼亚共和国，位于欧洲东南部，巴尔干半岛北端，东临黑海，首都设在布加勒斯特。国土面积为23.75万平方公里，人口2241万。

罗马尼亚1989年改名为罗马尼亚共和国，1990年发行共和国硬币，货币名称为列伊，币面标注罗马尼亚，面值用阿拉伯数字表示，公元纪年。现行流通硬币有：1，5，10，20，50，100列伊。

100列伊

50列伊

20列伊

ROMANIA
22 DECEMBRIE 1989

10
LEI
1992

10 列伊

ROMANIA
5
LEI

19
93

5 列伊

ROMANIA
1

19
93

1 列伊

59.马耳他

马耳他全称为马耳他共和国，位于地中海中部，由马耳他等5个岛屿组成，国土面积为316平方公里，人口39.5万，首都设在瓦莱塔。

马耳他于1972年开始发行硬币，货币各称为马耳他镑，辅币为分，1镑等于100分，币面标注马耳他或马耳他共和国，面值用阿拉伯数字表示，公元纪年。现行流通硬币有：1，2，5，10，25，50分；1镑。

1镑

50分

25 分

10 分

5 分

2 分

1 分

60.马其顿

马其顿全称为马其顿共和国，位于巴尔干半岛的中部，属内陆国家，首都设在斯科普里，国土面积为2.57万平方公里，人口204万。

马其顿原为南斯拉夫的一个联邦共和国，1991年独立，成立马其顿共和国，1993年发行共和国硬币，货币名称为第纳尔，辅币为第尼，1第纳尔等于100第尼，币面标有马其顿共和国，面值用阿拉伯数字表示，公元纪年。现有流通硬币为4种：50第尼；1，2，5第纳尔。

5第纳尔

2第纳尔

1第纳尔

50第尼

61. 南斯拉夫

南斯拉夫全称为南斯拉夫联盟共和国，位于巴尔干半岛的多瑙河流域，首都设在贝尔格莱德。国土面积为10.22万平方公里，人口1065万。

南斯拉夫原有6个共和国，1991年后斯洛文尼亚、克罗地亚、马其顿、波黑相继独立，1992年以后的南斯拉夫，只有塞尔维亚和黑山两个共和国，现在的南斯拉夫1992年后发行过多枚硬币，但货币急剧贬值。货币名称仍为第纳尔，辅币为帕拉，1第纳尔等于100帕拉，币面国名南斯拉夫用塞尔维亚文和克罗地亚文拼写标注，面值用阿拉伯数字表示，公元纪年。常见的流通硬币有：1，5，10，50帕拉；1，2，5，10，50，100第纳尔。

100第纳尔

50第纳尔

10 第纳尔

5 第纳尔

2 第纳尔

1 第纳尔

50 帕拉

10 帕拉

5 帕拉

1 帕拉

62.挪　威

挪威全称为挪威王国，位于北欧斯堪的纳维亚半岛的西北部，西北临挪威海，首都设在奥斯陆。国土面积为38.70万平方公里，人口451万。

挪威的货币名称为挪威克朗，辅币为欧尔，1克朗等于100欧尔，挪威硬币币面多次改变，且不统一。面值用阿拉伯数字表示，公元纪年。常见的流通硬币有：1，2，5，10，25，50欧尔；1，5，10克朗。

10克朗

5克朗

1克朗

50欧尔

25欧尔

10欧尔

5欧尔

2欧尔

1欧尔

63.瑞　典

瑞典全称为瑞典王国，位于北欧斯堪的纳维亚半岛的东南部，首都设在斯德哥尔摩。国土面积为45.00万平方公里，人口886万。

瑞典发行硬币较早，1874年确定货币名称为瑞典克朗，辅币为欧尔，1克朗等于100欧尔，面值用阿拉伯数字表示，公元纪年。现行流通硬币有：1，2，5，10，25，50欧尔；1，2，5，10克朗。

10克朗

5克朗

2克朗

1克朗

50欧尔

25欧尔

10欧尔

5欧尔

2欧尔

1欧尔

64.瑞 士

瑞士全称为瑞士联邦，位于欧洲中西部，首都设在伯尔尼。国土面积为4.13万平方公里，人口726万。

瑞士自1850年以后硬币一直比较稳定，货币名称为瑞士法郎，辅币为分，1法郎等于100分，币面国名用海尔维蒂联邦或海尔维蒂标注，面值用阿拉伯数字表示，公元纪年。流通硬币有：1，2，5，10，20分；$\frac{1}{2}$，1，2，5法郎。

5法郎

2法郎

1法郎

$\frac{1}{2}$法郎　　20分

10分　　5分

2分　　1分

65.圣马力诺

圣马力诺全称为圣马力诺共和国，位于亚平宁半岛的东北部，四周与意大利相邻，首都设在圣马力诺。国土面积为61平方公里，人口2.7万。

圣马力诺1864年发行硬币，币制与意大利相同，货币名称为里拉，币面国名为圣马力诺共和国，面值用阿拉伯数字表示，公元纪年。流通硬币有：1，2，5，10，20，50，100，200，500，1000里拉。

1000里拉

500里拉

200里拉

100 里拉

50 里拉

20 里拉

10 里拉

5 里拉

2 里拉

1 里拉

66.斯洛伐克

斯洛伐克全称为斯洛伐克共和国，位于欧洲中部，属内陆国家，首都设在布拉迪斯拉发。国土面积为4.90万平公里，人口540万。

斯洛伐克原属捷克和斯洛伐克联邦共和国，1993年独立并发行硬币，货币名称为斯洛文斯克，辅币为哈来，1斯洛文斯克等于100哈来，币面国名为斯洛伐克共和国，面值用阿拉伯数字表示，公元纪年。流通硬币有：10，20，50哈来；1，2，5，10斯洛文斯克。

10斯洛文斯克

5斯洛文斯克

2 斯洛文斯克

1 斯洛文斯克

50 哈来

20 哈来

10 哈来

67.斯洛文尼亚

斯洛文尼亚全称为斯洛文尼亚共和国，位于欧洲南部，首都设在卢布尔雅那。国土面积为2.03万平方公里，人口199万。

斯洛文尼亚原属于南斯拉夫社会主义共和国联盟，1990年宣告独立，并于1991年发行硬币，货币名称为托拉尔，辅币为斯托基诺夫，1托拉尔等于100斯托基诺夫，币面国名为斯洛文尼亚共和国，面值用阿拉伯数字表示，公元纪年。流通硬币有：10，20，50斯托基诺夫；1，2，5托拉尔。

5托拉尔

2托拉尔

1托拉尔

50斯托基诺夫

20斯托基诺夫

10斯托基诺夫

68. 英　国

英国全称为大不列颠及北爱尔兰联合王国，位于欧洲西部大西洋中的不列颠群岛上，首都设在伦敦。国土面积为24.41万平方公里，人口5976万。

英国发行硬币历史较早，1971年后币制改为国际通用十进位制，货币名称为英镑，辅币为新便士，1镑等于100便士，英国硬币币面一直没有国名，而是标有国王或女王的名字，如现在常见的硬币多标有伊丽莎白二世和其头像，面值用英文和阿拉伯数字表示，公元纪年。流通硬币有：$\frac{1}{2}$，1，2，5，10，20，50便士；1，2，5镑。

5镑

2镑

1 镑

50 便士

20 便士

10 便士

5 便士

2 便士

1 便士

$\frac{1}{2}$ 便士

69. 泽　西

泽西岛位于英吉利海峡中，为英国直属领地，面积115平方公里，人口约8万。

泽西岛通用英镑。该岛发行的硬币货币名称为镑，辅币为便士，1镑等于100便士，1952年以后发行的硬币，币面地名标有BAILIWICK OF JERSEY，面值用英文表示，公元纪年。现行流通硬币有：1，2，5，10，20，50便士；1镑。

1镑

50便士

20便士

10 便士

5 便士

2 便士

1 便士

70.欧元区国家

欧元区国家是指欧盟内已正式使用欧元的国家，目前欧元区国家有：爱尔兰、奥地利、比利时、德国、法国、芬兰、荷兰、卢森堡、葡萄牙、西班牙、希腊、意大利等12个国家。这些国家国土总面积为251.35万平方公里，人口达3.06亿。

欧元在各欧元区国家已从2002年1月1日正式使用，原欧元区国家的流通硬币已于2002年3月1日退出流通领域。欧元为欧元区国家的货币名称，辅币为欧分，1欧元等于100欧分，欧元的面值用阿拉伯数字表示，公元纪年。欧元硬币共有8种：1，2，5，10，20，50欧分；1，2欧元。欧元硬币的正面采用统一的设计图案，并且把面额也设计在正面，具体为：1，2，5欧分的正面图案为地球仪上的欧洲；10，20，50欧分正面图案为有国界的欧盟国地图；1，2欧元正面图案为无国界的欧盟国地图。

欧元硬币的背面由各欧元国自行设计图案：爱尔兰欧元硬币的背面一律采用传统的竖琴徽饰；奥地利欧元硬币的背面标有EURO或EUROCENT，另外1，2，5欧分的背面标有花草图案，10，20，50欧分的背面标有大型建筑图案，1，2欧元的背面分别标有名作家和名作曲家的头像；比利时欧元硬币的背面都标有阿尔贝特二世的头像；德国欧元硬币1，2，5欧分的背面标有橡树枝叶，10，20，50欧分的背面标有勃兰登堡门，1，2欧元的背面标有鹰徽；法国欧元硬币1，2，5欧分的背面标有法兰西女神玛丽安娜的头像，10，20，50欧分的背面标有传统的播种妇女，1，2欧元的背面标有生命之树和自由、平等、博爱箴言图案；芬兰欧元硬币的分币背面标有传统的持剑狮徽，1欧元背面标有两只天鹅，2欧元背面标有浆果草花；荷兰欧元硬币的分币背面标有简洁的女王头像，1，2欧元背面标有贝娅特丽克丝女王侧像；卢森堡欧元硬币背面都标有王储亨利大公头像；葡萄牙欧元硬币背面标葡萄牙古印章图案，周围有葡萄牙字样，各种硬币的中间图案略有不同；西班牙欧元硬币1，2，5欧分背面标有12世纪建筑——圣地亚哥大教堂，10，20，50欧分背面标有《唐吉诃德》作者塞万提斯头像及写作用羽毛笔，1，2欧元背面标有卡洛斯国王肖像；希腊欧元硬币分币正面标有欧分，背面却标有希腊原来的辅币雷普塔，1，2，5欧分背面标有各种船只，10，20，50欧分背面分别标有3个伟人的头像，1欧元背面标有古希腊雅典猫头鹰银币图案，2欧元背面标有希腊神话中欧罗巴女神被化身公牛的宙斯所诱拐的图案；意大利欧元硬币1，2，5欧分背面标有古代著名建筑图，10欧分背面标有波提切利的名作“维纳斯的诞生”中的维纳斯头像，20欧分背面标有雕刻家博乔尼未来主义代表作“空间延续的独特形象”，50欧分背面标有罗马皇帝马可·奥列利马斯在罗马国会广场的骑像，1欧元背面标有列奥纳多·达·芬奇所绘人体解剖比例图，2欧元背面标有但丁头像。

另外，欧元硬币背面的周围都有12颗五星，每个面额硬币的直径、重量、颜色都有统一要求。欧元硬币由各成员国银行自己发行。

欧元硬币正面图

2欧元

1欧元

50欧分

20欧分

10欧分

5欧分

2欧分

1欧分

爱尔兰欧元硬币背面图

2欧元

1欧元

50欧分

20欧分

10欧分

5欧分

2欧分

1欧分

奥地利欧元硬币背面图

2欧元

1欧元

50欧分

20欧分

10欧分

5欧分

2欧分

1欧分

比利时欧元硬币背面

2欧元

1欧元

50欧分

20欧分

10欧分

5欧分

2欧分

1欧分

德国欧元硬币背面图

2欧元

1欧元

50欧分

20欧分

10欧分　5欧分　2欧分　1欧分

法国欧元硬币背面图

2欧元　1欧元　50欧分　20欧分

10欧分　5欧分　2欧分　1欧分

芬兰欧元硬币背面图

2欧元　1欧元　50欧分　20欧分

10欧分　5欧分　2欧分　1欧分

荷兰欧元硬币背面图

2欧元　1欧元　50欧分　20欧分

10欧分　5欧分　2欧分　1欧分

卢森堡欧元硬币背面图

2欧元　1欧元　50欧分　20欧分

10欧分　5欧分　2欧分　1欧分

葡萄牙欧元硬币背面图

2欧元　1欧元　50欧分　20欧分

10欧分　5欧分　2欧分　1欧分

西班牙欧元硬币背面图

2欧元　1欧元　50欧分　20欧分

10欧分　5欧分　2欧分　1欧分

希腊欧元硬币背面图

2欧元　1欧元　50欧分　20欧分

10欧分　5欧分　2欧分　1欧分

意大利欧元硬币背面图

2欧元　1欧元　50欧分　20欧分

10欧分

5欧分

2欧分

1欧分

附：爱尔兰

爱尔兰全称为爱尔兰共和国，位于欧洲西部大西洋中的爱尔兰岛上，首都设在都柏林。国土面积为7.03万平方公里，人口384万。

爱尔兰于1928年发行硬币，1971年进行币制改革，货币名称为爱尔兰镑，辅币为便士，1镑等于100便士，币面国名为凯尔特语爱尔兰，面值用阿拉伯数字表示，公元纪年。加入欧元区前流通硬币有：$\frac{1}{2}$，1，2，5，10，20，50便士；1镑。由于爱尔兰已成为欧元国，所以这套硬币已于2002年3月1日退出流通领域。

1镑

50便士

20 便士

10 便士　　5 便士

2 便士　　1 便士

$\frac{1}{2}$ 便士

比利时

比利时全称为比利时王国，位于欧洲西部，与英国隔海相望，首都设在布鲁塞尔。国土面积为3.05万平方公里，人口1027万。

比利时发行硬币较早，但一直比较稳定。货币名称为比利时法郎，辅币为分，1法郎等于100分，币面上国名用法文或荷兰文标注，面值用阿拉伯数字表示，公元纪年。流通硬币有：20，25，50分；1，5，10，20，50法郎。由于比利时已加入欧元国，所以这套硬币已于2002年3月1日退出流通领域。

50法郎

20法郎

10法郎

5法郎

1 法郎　　50 分

25 分　　20 分

德　国

德国全称为德意志联邦共和国，位于中欧西部，北临北海和波罗的海，首都设在柏林。国土面积为35.70万平方公里，人口8236万。

德国发行硬币历史较早，情况比较复杂，加入欧元区前使用德意志联邦共和国硬币，货币名称为德国马克，辅币为芬尼，1马克等于100芬尼，币名用德文标注，面值用阿拉伯数字表示，公元纪年。流通硬币有：1，2，5，10，50芬尼；1，2，5马克。由于德国已加入欧元国，所以这套硬币已于2002年3月1日退出流通领域。

5 马克

2 马克

1 马克

50 芬尼

10 芬尼

5 芬尼

2 芬尼

1 芬尼

法　国

法国全称为法兰西共和国，位于欧洲西部，西临大西洋，首都设在巴黎。国土面积为 55.16 万平方公里，人口 6063 万。

1962 年法国进行币制改革，发行新的硬币，货币名称为法国法郎，辅币为分或生丁，1 法郎等于 100 分，币面标注国名法兰西共和国，面值用阿拉伯数字表示，公元纪年。加入欧元区前流通硬币有：1，5，10，20 分；$\frac{1}{2}$，1，2，5，10，20 法郎。由于法国已加入欧元国，所以这套硬币从 2002 年 3 月 1 日退出流通领域。

20 法郎

10 法郎

5 法郎

2 法郎

1 法郎

$\frac{1}{2}$ 法郎

20 分

10 分

5 分

1 分

芬 兰

芬兰全称为芬兰共和国，位于欧洲北部，首都设在赫尔辛基。国土面积为 33.81 万平方公里，人口 519 万。

芬兰1919年正式发行共和国硬币，并经过多次币制改革，1990年发行新的流通硬币，货币名称为芬兰马克，辅币为盆尼，1 马克等于 100 盆尼，币面用芬兰文和英文标注国名，面值用阿拉伯数字表示，公元纪年。加入欧元区前流通硬币有：10，50 盆尼；1，5，10 马克。由于芬兰已加入欧元国，所以这套硬币于 2002 年 3 月 1 日退出流通领域。

10 马克

5 马克

1 马克

50 盆尼

10 盆尼

荷　兰

荷兰全称为荷兰王国，位于欧洲西部北海之滨，首都设在阿姆斯特丹。国土面积为 4.82 万平方公里，人口 1604 万。

荷兰发行硬币很早，且币值比较稳定，货币名称为荷兰盾，辅币为分，1 盾等于 100 分，币面标有国名荷兰，面值用阿拉伯数字表示，公元纪年。加入欧元区前流通硬币有：1，5，10，25 分；1，2$\frac{1}{2}$，5 盾。由于荷兰已加入欧元国，所以这套硬币已于 2002 年 3 月 1 日退出流通领域。

5 盾

$2\frac{1}{2}$ 盾

1 盾

25 分

10 分

5 分

1分

葡萄牙

葡萄牙全称为葡萄牙共和国,位于欧洲西南部伊比利亚半岛的西部,西临大西洋,首都设在里斯本。国土面积为9.21万平方公里,人口1002万。

葡萄牙于1910年成立共和国并发行硬币,货币名称为埃斯库多,辅币为分,1埃斯库多等于100分,币面国名用葡萄牙共和国标注,面值用阿拉伯数字表示,公元纪年。加入欧元区前流通硬币有:10,20,50分;1,$2\frac{1}{2}$,5,10,20,50,100,200埃斯库多。由于葡萄牙已成为欧元国,所以这套硬币于2002年3月1日退出流通领域。

200埃斯库多

100埃斯库多

50 埃斯库多

20 埃斯库多

10 埃斯库多

5 埃斯库多

$2\frac{1}{2}$埃斯库多

1 埃斯库多

50 分

20分

10分

西班牙

西班牙全称为西班牙王国，位于欧洲西南部的伊比利亚半岛上，西濒大西洋，东临地中海，南面隔直布罗陀海峡与非洲摩洛哥相望，领土还包括地中海中的巴利阿里群岛和大西洋上的加那利群岛，国土面积为50.59万平方公里，人口4027万，首都设在马德里。

西班牙1949年开始发行王国硬币，货币名称为与比塞塔，辅币为分，1比塞塔等于100分，币面常标有国名西班牙，面值用阿拉伯数字表示，公元纪年。加入欧元区前流通硬币有：50分；1，2，5，10，25，50，100，200，500比塞塔。由于西班牙已成为欧元国，所以这套硬币于2002年3月1日退出流通领域。

500比塞塔

200比塞塔

100比塞塔

50 比塞塔

25 比塞塔

10 比塞塔

5 比塞塔

2 比塞塔

1 比塞塔

50 分

希　腊

希腊全称为希腊共和国，位于欧洲巴尔干半岛的南部，首都设在雅典。国土面积为13.20万平方公里，人口1090万。

希腊1973年后发行共和国硬币，货币名称为德拉克马，辅币为雷普塔，1德拉克马等于100雷普塔，币面标有希腊民主共和国，面值用阿拉伯数字表示，公元纪年。加入欧元区前流通硬币有：10，20，50雷普塔；1，2，5，10，20，50，100德拉克马。由于希腊已成为欧元国，所以这套硬币于2002年3月1日退出流通领域。

100德拉克马

50德拉克马

20德拉克马　　10德拉克马

5 德拉克马　　2 德拉克马

1 德拉克马　　50 雷普塔

20 雷普塔　　10 雷普塔

意大利

意大利全称为意大利共和国，位于欧洲南部亚平宁半岛上，领土包括西西里岛和撒丁岛，国土面积为30.13万平方公里，人口5795万。首都设在罗马。

意大利于 1946 年成立共和国，并发行共和国硬币，货币名称为里拉，币面国名标有意大利共和国，面值用阿拉伯数字表示，公元纪年。加入欧元区前流通硬币有：1，2，5，10，20，50，100，200，500，1000 里拉。由于意大利已成为欧元国，所以这套硬币于 2002 年 3 月 1 日退出流通领域。

1000 里拉

500 里拉

200 里拉 100 里拉

50 里拉 20 里拉

10 里拉

5 里拉

2 里拉

1 里拉

四、美 洲

71.阿鲁巴

阿鲁巴岛位于委内瑞拉北部沿海，国土面积为193平方公里，人口9.2万。首府设在奥拉涅斯塔德。

阿鲁巴原属荷兰，1986年取得独立资格，1991年完全独立。阿鲁巴1986年自行发行硬币，货币名称为弗罗林，辅币为分，1弗罗林等于100分，币面标有荷兰文阿鲁巴，面值用阿拉伯数字表示，公元纪年。现行流通硬币有：5，10，25，50分；1，$2\frac{1}{2}$ 弗罗林。

$2\frac{1}{2}$ 弗罗林

1 弗罗林

50 分

25 分

10 分

5 分

72.巴　西

巴西全称为巴西联邦共和国，位于南美洲东部，东临大西洋，国土面积为854.74万平方公里，人口1.72亿。首都设在巴西利亚。

巴西1986年改为巴西联邦共和国。巴西硬币种类繁多，并且币制改革较频，1990年发行新硬币，货币名称为克鲁赛罗，币面国名为巴西，面值用阿拉伯数字表示，公元纪年。流通硬币有：1，5，10，50，100，500，1000，5000克鲁赛罗。

5000克鲁塞罗

1000克鲁塞罗

500克鲁塞罗

100克鲁塞罗

50克鲁塞罗

10克鲁塞罗

5克鲁塞罗

1克鲁塞罗

73.玻利维亚

玻利维亚全称玻利维亚共和国，位于南美洲中部，内陆国家，首都设在苏克雷。国土面积为109.86万平方公里，人口827万。

玻利维亚发行硬币较早，多次进行币制改革。1987年再次进行币制改革，货币名称定为新玻利维亚诺，辅币为分，1玻利维亚诺等于100分，币面用西班牙文标注国名玻利维亚共和国，面值用阿拉伯数字表示，公元纪年。现行流通硬币有：2，5，10，20，50分；1，2玻利维亚诺。

2玻利维亚诺

1玻利维亚诺

50 分

20 分

10 分

5 分

2 分

74. 东加勒比国家

东加勒比地区部分国家，1981年改名为东加勒比国家，并发行东加勒比元。东加勒比国家包括安圭拉、安提瓜及巴布达、多米尼克、蒙特塞拉特、圣基茨及尼维斯、圣卢西亚、圣文森特及格林纳丁斯、格林纳达等8个国家或地区，东加勒比元通用于东加勒比国家，它的辅币为分，1元等于100分，币面地名标有英文东加勒比国家，面值用阿拉伯数字表示，公元纪年。流通硬币有：1，2，5，10，25分；1元。

1元　25分

10分　5分

2分　1分

75. 多米尼加

多米尼加全称为多米尼加共和国，位于西印度群岛中伊斯帕尼奥拉岛的东半部，首都设在圣多明各。国土面积为4.87万平方公里，人口853万。

多米尼加于1844年共和国成立后即发行硬币，1937年币制改革后一直流通至今，货币名称为比索，辅币为分，1比索等于100分，币面用西班牙文标注国名多米尼加共和国，面值用西班牙文表示，公元纪年。现行流通硬币有：1，5，10，25，50分；1比索。

1比索

50分

REPUBLICA DOMINICANA
1989
VEINTICINCO CENTAVOS
REPUBLICA DOMINICANA
1989
DIEZ CENTAVOS
REPUBLICA DOMINICANA
1989
CINCO CENTAVOS
UN CENTAVO
5 GRANOS
1965

25分

10分

5分

1分

76. 厄瓜多尔

厄瓜多尔全称为厄瓜多尔共和国，位于南美洲西北部，西临太平洋，首都设在基多。国土面积为25.64万平方公里，人口1288万。

厄瓜多尔的硬币比较稳定，货币名称为苏克雷，辅币为分，1苏克雷等于100分，币面标有西班牙文厄瓜多尔共和国或厄瓜多尔中央银行，面值用阿拉伯数字数表示，公元纪年。现行流通硬币有：1，5，10，25，50分；1，5，10，20，50，100，500，1000苏克雷。

1000 苏克雷

500 苏克雷

100 苏克雷

50 苏克雷

20 苏克雷

10 苏克雷

5 苏克雷

1 苏克雷

50 分

25 分

10 分

5 分

1 分

77. 海　地

海地全称为海地共和国，位于西印度群岛中伊斯帕尼奥拉岛的西部，首都设在太子港。国土面积为2.78万平方公里，人口813万。

海地共和国于1804年成立，1807年发行共和国硬币，1813年进行币制改革，货币名称为古德，辅币为分，1古德等于100分，币面标有海地共和国，面值用阿拉伯数字表示，公元纪年。现行流通硬币有：5，10，20，50分；1，5古德。

5古德

1古德

50分

REPUBLIQUE D'HAITI
1995
LIBERTÉ · ÉGALITÉ · FRATERNITÉ
· 20 ·
REPUBLIQUE D'HAITI
1975
LIBERTÉ · EGALITÉ · FRATERNITÉ
AUGMENTONS LA PRODUCTION ALIMENTAIRE
· 10 ·
REPUBLIQUE D'HAITI
LIBERTÉ · EGALITÉ · FRATERNITÉ
· 5 ·

20 分

10 分

5 分

78.洪都拉斯

洪都拉斯全称为洪都拉斯共和国，位于中美洲中部，东北临大西洋，首都设在特古西加尔巴。国土面积为11.25万平方公里，人口662万。

洪都拉斯1869年发行共和国硬币，1935年进行币制改革，货币名称为伦皮拉，辅币为分．1伦皮拉等于100分，币面标有国名洪都拉斯共和国，面值用阿拉伯数字表示，公元纪年。现行流通硬币有：1，2，5，10，20，50分。

50分　　20分

10分　　5分

2分　　1分

79.加拿大

加拿大全称为加拿大联邦，属英联邦成员国，位于北美洲北部，东滨大西洋，西濒太平洋，北临北冰洋，首都设在渥太华。国土面积为997.06万平方公里，人口3111万。

加拿大1858年开始发行硬币，一百多年来币面比较稳定，货币名称为加拿大元，辅币为分，1元等于100分，币面标有国名加拿大和英女王头像，面值用阿拉伯数字表示，公元纪年。现行流通硬币有：1，5，10，25，50分；1，2元。

2元

1元

50 分

25 分

10 分

5 分

1 分

80.美　国

美国全称为美利坚合众国，位于北美洲中部，东临大西洋，西滨太平洋，所属阿拉斯加州位于北美洲西北部，夏威夷州位于中太平洋北部，首都设在华盛顿。国土面积为937.26万平方公里，人口2.85亿。

美国从1793年开始发行硬币，每年连续发行，面值比较稳定，币面图案不断地有一些变化。由于种种原因，在长期的流通中，一些面值的硬币（如：半美分、2美分、3美分、20美分）逐渐退出流通领域。现行流通硬币有6种：1，5，10美分；$\frac{1}{4}$，$\frac{1}{2}$，1美元。每种面值的正面有一位总统的头像，1美分是林肯总统的头像，5美分是杰斐逊总统的头像，10美分是罗斯福总统的头像，$\frac{1}{4}$美元是华盛顿总统的头像，$\frac{1}{2}$美元是肯尼迪总统的头像，1美元是艾森豪威尔总统的头像。由于1美元硬币直径很大（直径为38.1毫米，俗称大美金），流通使用不便，于1981年起改用直径为26.5毫米的小美金，它的正面图案为美国女权运动活动家苏珊·安东尼的头像。美国流通硬币的背面都标有美国国名，面值用英文表示，公元纪年。

在美国的6枚流通硬币中，最常用的是$\frac{1}{4}$美元,所以1997年12月1日，克林顿总统签署了一条50州$\frac{1}{4}$美元硬币法案，令财政部从1999年到2008年的10年间，以每个州加入美国联邦的年份为次序，每年为5个州各发行1枚新版$\frac{1}{4}$美元硬币，该组硬币的正面标有美国国名、华盛顿总统的头像及面值，背面用各州州名和具有各州特色的图案代替原来的鹰徽。下面给出德拉瓦州、佛蒙特州、康乃迪克州、俄亥俄州、维吉尼亚州、缅因州的硬币图案。

1 美元

1 美元

$\frac{1}{2}$美元

$\frac{1}{4}$美元

10 美分

5 美分

1 美分

$\frac{1}{4}$ 美元（德拉瓦州）

$\frac{1}{4}$ 美元（佛蒙特州）

$\frac{1}{4}$ 美元（康乃迪克州）

$\frac{1}{4}$ 美元（俄亥俄州）

$\frac{1}{4}$ 美元（维吉尼亚州）

$\frac{1}{4}$ 美元（缅因州）

81. 特立尼达和多巴哥

特立尼达和多巴哥全称为特立尼达和多巴哥共和国，位于加勒比海南部小安的列斯群岛东南端，首都设在西班牙港。国土面积为5128平方公里，人口129万。

特立尼达和多巴哥于1976年发行共和国硬币，货币名称为特立尼达和多巴哥元，辅币为分，1元等100分，币面标有国名特立尼达和多巴哥共和国，面值用阿拉伯数字表示，公元纪年。现行流通硬币有：1，5，10，25，50分；1元。

1元

50分

REPUBLIC OF TRINIDAD AND TOBAGO
1993

25
CENTS

25分

REPUBLIC OF TRINIDAD AND TOBAGO

10
CENTS

10分

REPUBLIC OF TRINIDAD AND TOBAGO
1992

5
CENTS

5分

REPUBLIC OF TRINIDAD AND TOBAGO

1 CENT

1分

82.危地马拉

危地马拉全称为危地马拉共和国，位于中美洲西北部，西临太平洋，首都设在危地马拉。国土面积为10.89万平方公里，人口1168万。

危地马拉于1859年开始发行共和国硬币，1932年进行币制改革，货币名称为格尔查，辅币为分，1格尔查等于100分，币面国名标有危地马拉共和国，面值用阿拉伯数字表示，公元纪年。常见流通硬币有：1，5，10，25，50分；1格尔查。

1格尔查

50分

25分

REPUBLICA DE GUATEMALA
1990

10
CENTAVOS
MONOLITO DE QUIRIGUA

10分

REPUBLICA DE GUATEMALA
1990

5

5分

REPUBLICA DE GUATEMALA
1990

UN CENTAVO
FRAY BARTOLOME DE LAS CASAS

1分

五、大洋洲

83.澳大利亚

澳大利亚全称为澳大利亚联邦，属英联邦成员国，位于太平洋西南部和印度洋之间的澳大利亚大陆上，国土面积为769.2万平方公里，人口1939万。首都设在堪培拉。

澳大利亚1911年发行硬币，1966年进行币制改革，货币名称为澳元，辅币为澳分，1元等于100分，币面标有英文澳大利亚和英女王头像，面值用英文或阿拉伯数字表示，公元纪年。常见流通硬币有：1，2，5，10，20，50分；1，2元。

2元

1元

50分

20分

10分

5分

2分

1分

84.巴布亚新几内亚

巴布亚新几内亚全称为巴布亚新几内亚独立国，由新几内亚岛的东部及俾斯麦群岛、布干维尔岛等数百个岛屿组成，位于太平洋西南部，首都设在莫尔兹比港。国土面积为46.28万平方公里，人口546万。

巴布亚新几内亚原为外国统治，1975年宣告独立，现为英联邦成员国。独立后，1975年发行硬币，货币名称为基那，辅币为托伊，1基那等于100托伊，币面标有国名巴布亚新几内亚，面值用阿拉伯数字表示，公元纪年。现行流通硬币有：1，2，5，10，20，50托伊；1基那。

1基那

50托伊

20 托伊

10 托伊

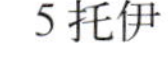

5 托伊

2 托伊

1 托伊

85.斐　济

斐济全称为斐济群岛共和国，位于太平洋西南部，由维提岛、瓦努阿岛等 300 多个大小岛屿组成，首都设在苏瓦。国土面积为 1.83 万平方公里，人口 82.2 万。

斐济于 1934 年发行硬币，1969 年进行币制改革，货币名称为斐济元，辅币为分，1 元等于 100 分，币面标有斐济和英女王头像，面值用阿拉伯数字表示，公元纪年。现行流通硬币有：1，2，5，10，20，50 分；1 元。

1 元

50 分

20 分

ELIZABETH II FIJI 1992
10 cents
ELIZABETH II FIJI 1992
5 cents
ELIZABETH II FIJI 1986
2 cents
cent

10分　　5分

2分　　1分

86.所罗门

所罗门群岛属英联邦成员国，位于太平洋西南部，由舒瓦瑟尔岛、圣伊莎贝尔岛、新乔治亚群岛、瓜达尔卡纳尔岛等大小900多个岛屿组成，首都设在霍尼亚拉。国土面积为2.84万平方公里，人口45万。

所罗门1977年发行硬币，货币名称为所罗门元，辅币为分，1元等于100分，币面标有国名所罗门群岛，并有英女王头像，面值用阿拉伯数字表示，公元纪年。现行流通硬币有：1，2，5，10，20，50分；1元。

1元

50分

20分

ELIZABETH II
SOLOMON ISLANDS
1988
10
CENTS
ELIZABETH II
SOLOMON ISLANDS
1996
5
CENTS
ELIZABETH II
SOLOMON ISLANDS
1996
2
CENTS
ELIZABETH II
SOLOMON ISLANDS
1996
1
CENT

10分　　5分

2分　　1分

87. 瓦努阿图

瓦努阿图全称为瓦努阿图共和国，位于太平洋西南部的新赫布里底群岛上，首都设在维拉港。国土面积为1.20万平方公里，人口20.2万。

瓦努阿图于1980年成立共和国，1983年发行瓦努阿图共和国硬币，货币名称为瓦图，币面标有国名皮钦文瓦努阿图共和国，面值用阿拉伯数字表示，公元纪年。现行流通硬币有：1，2，5，10，20，50，100瓦图。

100瓦图

50瓦图

20瓦图

10 瓦图

5 瓦图

2 瓦图

1 瓦图

88. 萨摩亚

萨摩亚全称为萨摩亚独立国，位于波利尼西亚群岛的中心，由于它在美属萨摩亚的西边，所以习惯上也称它为西萨摩亚，首都设在阿皮亚。国土面积为 2934 平方公里，人口 17.5 万。

萨摩亚于1967年后自行发行硬币，货币名称为萨摩亚塔拉，辅币为分，1 塔拉等于 100 分，币面用萨摩亚文标有西萨摩亚，面值用阿拉伯数字表示，公元纪年。现行流通硬币有：1，2，5，10，20，50 分；1 塔拉。

1 塔拉

50 分

20 分

MALIETOA TANUMAFILI II SAMOA I SISIFO
1996
10
SENE
5
SENE
2
SENE
1
SENE

10分　　5分

2分　　1分

89. 新西兰

新西兰位于太平洋西南部的北岛、南岛及附近小岛上，国土面积 27.05 万平方公里，人口 388 万。首都设在惠灵顿。

新西兰 1840 年沦为英国殖民地，1947 年独立，现仍为英联邦成员国。新西兰 1967 年发行新的硬币，货币名称为新西兰元，辅币为分，1 元等于 100 分。硬币正面标有地名新西兰和英女王头像。现行流通硬币有：1，2，5，10，20，50 分；1，2 元。

2 元　　1 元

50 分

20 分

NEW ZEALAND ELIZABETH II
2004
10
NEW ZEALAND ELIZABETH II
2004
5
ELIZABETH II NEW ZEALAND
1987
2
ELIZABETH II NEW ZEALAND
1987
1

10分　　5分

2分　　1分

主要参考书目

1．柳忠良编著

《中国流通硬币》

北京出版社，2000年

2．李铁生编著

《世界硬币图录精编》

北京出版社，1994年

3．李铁生、傅惟慈编著

《世界硬币集藏知识大全》

北京出版社，1999年

4．赵力成编著

《世界货币图目》

黑龙江人民出版社，2001年

图书在版编目（C I P）数据

世界百国流通硬币图录／张馥编著．—济南：齐鲁书社，2006.6

ISBN 7-5333-1646-0

Ⅰ．世... Ⅱ．张... Ⅲ．金属货币－世界－图录
Ⅳ．F820.2-64

中国版本图书馆 CIP 数据核字（2006）第 027683 号

世界百国流通硬币图录

张　馥　编著

出版发行　齊魯書社
社　　址　济南经九路胜利大街 39 号
邮　　编　250001
网　　址　www.qlss.com.cn
电子邮箱　qlss@sdpress.com.cn
印　　刷　山东新华印刷厂
开　　本　889 × 1194mm　1/32
印　　张　6
字　　数　143 千
版　　次　2006 年 6 月第 1 版
印　　次　2006 年 6 月第 1 次印刷
标准书号　ISBN　7-5333-1646-0/F·16
定　　价　50.00元